Jörg Zink
Unter weitem Himmel

Kreuz Verlag

Breit, blau bis zum Horizont, liegt der Fjord,
gesäumt von fernen Gebirgen.
Soweit das Auge reicht: Wasser, Fels, Himmel,
verschwimmend im Dunst der Ferne.

Aber was dem äußeren Auge ins Unendliche reicht,
das reicht ins Unendliche auch in der eigenen Seele,
und die innere Welt
ist unendlicher noch als die äußere.

Wo aber die inneren Dinge enden,
da beginnt eine neue, grenzenlose Welt.
Eine alte Legende erzählt von einem Strom,
der am Rande der Welt fließt, und sagt:
Schau hinüber! Auch dort ist Wahrheit!

Und ich ahne:
Alle Grenzen, die wir sehen,
alle Grenzen, an die wir stoßen,
können sich uns öffnen,
und unsere Freiheit beginnt,
wo immer wir über eine Grenze hinüberschauen.

Wir sind so merkwürdig folgsam,
wenn wir unsere Fachleute hören.
Täglich lassen wir uns einreden,
unsere Welt reiche nur so weit,
wie sie sich in Zahlen fassen lasse,
in Lehrsätze, in Beweise.
Wir lassen uns sagen: Eine andere Welt,
eine geistige vielleicht, geistige Wesen,
gar ein Gott – das seien Wunschträume.

Wir lassen uns einmauern.
Wir sagen: Niemand ist frei.
Seine Erbmasse prägt ihn.
Sein Beruf schreibt ihm seinen Weg vor.
Seine Herkunft bestimmt seinen Wert.
Wir sind festgelegt, sagen wir,
und die Freiheit ist ein Traum.

Aber vielleicht könnten wir freier sein als wir meinen.
Wenn wir die Augen aufschlügen –
im Herzen auch und im Geist –,
vielleicht könnten wir über alle Grenzen hinweg
mit den weißen Wolken ziehen
über die Bläue eines unendlichen Himmels.

*J*edes Wesen dieser Erde hat seine eigene Welt,
und jedes hält seine Welt für die einzige,
die wirklich besteht.

Ich denke mir:
Unter dem Feigenbaum in der lockeren Erde
wohnt eine Maulwurffamilie.

Ich stelle mir vor, ich frage den Maulwurfvater:
Wie groß ist die Welt?
Dann denkt er eine Weile nach und sagt:
Sie ist sehr groß. Sie besteht aus Erde.
Sie reicht zwei Maulwurflängen nach unten.
Dann kommt der Fels. Da hört die Welt auf.
Sie reicht zwei Maulwurflängen nach oben.
Dann kommt die Hölle. Dort sind die Teufel,
die uns umbringen wollen mit ihren Spaten.
Die Welt ist hier in unseren Gängen.
Hier, wo Nahrung ist für die edelsten Geschöpfe:
für uns Maulwürfe.

Weib und Kind aber finden,
daß der Vater ein weiser Mann ist.
Sie rollen sich in ihr mollig weiches, warmes Fell
und finden, daß sie
im Mittelpunkt der Welt leben,
bevorzugt vor allen Geschöpfen.

*I*ch spiele noch ein wenig weiter:
Im Gras am Rand des Ackers
gehen zwei Marienkäfer im Klee spazieren,
gesättigt nach dem Mahl,
und philosophieren über die Grenzen des Daseins.

Der eine der beiden legt die Stirn in nachdenkliche Falten
und beginnt, laut zu denken:
Könnte es nicht sein, daß es Wesen in der Welt gibt,
die ganz anders sind als wir? Größer? Stärker?
Weise und mächtig? Menschen vielleicht?
Oder wie man sie nennen will.

Das andere Marienkäferchen lacht, daß der Grashalm zittert:
Menschen? Du phantasierst!
Hast du je einen gesehen?
Nein, gesehen nicht, gesteht das erste beschämt.
Und sie beschließen, Menschen könne es nicht geben,
denn es gebe keine Beweise für sie.

Die Wahrheit, sagt das zweite, ist wohl,
daß es nur das gibt, was man sehen kann
und hören und zählen und feststellen,
und vor allem essen.
Und sie wenden sich befriedigt
ihrem Nachtisch zu.

Manchmal,
wenn ich eine so kunstvoll gebaute Mauer sehe,
um ein Haus her oder seitab am Weg,
wie diese Weidemauer in Island,
denke ich: Viele Mauern,
die uns einengen, bauen wir Menschen selbst.

Jeder hat Mauern, natürlich,
die er nicht selbst errichtet hat.
Die Grenzen seiner Begabungen,
seiner Fähigkeiten, seiner Tragkraft.
Aber er ist auch eingemauert in den Geist seiner Zeit.
Er denkt, wie man denkt
oder wie man eben denken darf,
und leicht ergibt es sich,
daß er seiner eigenen Empfindung mißtraut
und seinem eigenen Gespür für die Wahrheit.

Aber hinter jeder Mauer ist wieder ein Stück Erde,
ziehen die Wege über neue Berge.
Über jeder Mauer dehnt sich der Himmel.
Über jede Mauer ziehen die weißen Wolken hinweg.

Und keiner Mauer sollte man glauben,
sie sei das Ende der Welt.

Wenn Jesus zu Menschen redete,
begann er meist mit dem Wort »Sieh«!
Schau! Schlag die Augen auf! Es gibt etwas zu sehen.

Ich bin gekommen, sagte er, Gefangene zu befreien,
Gefesselte loszubinden, Tauben das Ohr zu öffnen,
Blinden das Augenlicht zu geben
und den Gelähmten den aufrechten Gang.

Er brachte die Liebe Gottes, jene Liebe,
die von keinen Mauern weiß.

*W*ir haben eine seltsame Gewohnheit.
Wir reden von einem »Diesseits« und von einem »Jenseits«.
Wir sagen »Diesseits« und meinen:
Das Diesseits ist alles,
was der Erde und dem Kosmos zugehört,
was der Mensch also sehen und erleben kann,
untersuchen und beweisen und benützen.
Das »Jenseits« ist alles, was nicht so recht wirklich ist:
Engel, Teufel, Gott und die Toten.
Und wir meinen, dies beides
seien zwei verschiedene Welten.
Aber ist das richtig?

Diese beiden Kinder vor ihrem Zelt
hoch im Norden, nahe der Eismeerküste,
waren lange Zeit »jenseitig« für mich.
Ich wußte nichts von ihnen.

Erst als ich ihnen zuschaute,
wie sie auf ihrem Brett wippten,
das sie über einen runden Findling gelegt hatten,
waren sie plötzlich vorhanden.
Sie traten in meine Welt ein.
Sie wurden irgendwie »diesseitig«.

Einmal saß ich mit einem tibetischen Mönch,
einem Lama, zu Tisch.
Er lächelte freundlich, aber was er dachte,
war für mich unergründlich. Seine Gedanken
werden für mich »jenseitig« sein so lange,
bis er mich auf seine geistigen Wege mitnimmt.

Und was weiß ich schon davon,
was sich in der Seele eines kleinen,
eben geborenen Eselchens abspielt?
Was weiß ich davon, was es denkt
in seinem schwarzen Kopf hinter der struppigen Stirn?

Nichts weiß ich, bis ich mit ihm Freundschaft schließe,
bis es Vertrauen faßt zu meiner Hand,
bis ich es in den Arm nehme und mit ihm rede.
Dann rückt es allmählich,
ein Stück weit wenigstens, in meine Welt ein.
Es wird ein wenig »diesseitiger«.

Wenn ich gar einem Goldfisch ein Gedicht vorlese
von Rilke oder Hölderlin, so darf ich sicher sein,
daß mein Gedicht für ihn »jenseitig« bleibt.
Denn jedes Wesen hat ein anderes »Diesseits«
und ein anderes »Jenseits«, wie es ihm entspricht.

Was weiß ich schon von der einsamen Felseninsel
im Nordmeer und den Millionen Wasservögeln,
die dort nisten, von den Papageientauchern etwa
mit ihren vergnüglichen Gesichtern,
wenn mir nie jemand von ihnen erzählt hat?
Sie sind »jenseitig« für mich, bis ich hinfahre,
auf ihre Felsen klettere und versuche,
mich mit ihnen anzufreunden.

Vielleicht verstehe ich nach einiger Zeit, wie sie leben,
was sie schwatzen und worüber sie streiten,
und merke: Sie sind uns gar nicht so fremd.
Es geht ihnen ums Futter und um den Wohnplatz,
um ihre Liebe und ihr Lebensrecht wie uns auch.

Es sieht aus, als ob der kleine Kerl,
der da seinen Schnabel aufreißt,
eben seine Frau anfauche: Hör mir endlich zu!
Und er wird fast schon ein Wesen wie wir.

Ich aber habe etwas getan,
das uns Menschen möglich ist:
Ich habe eine Grenze zwischen meinem Diesseits
und meinem Jenseits überschritten.

Auf einer Wanderung im oberen Engadin
kam ich an dem schönen Bauernhaus vorbei.
Da wurde eben der Fensterladen aufgestoßen,
ein Junge lehnte sich auf das Brett und schaute heraus.

Sollte es nicht möglich sein, fand ich,
daß wir unsere Fensterläden aufstoßen
und hinausschauen aus dem dicken Mauerwerk?

Es ist ja im Grunde ganz einfach:
Jenseitig ist für mich, was ich nicht sehe, nicht verstehe,
was mir fremd ist und unzugänglich.
Diesseitig ist alles, was mir einmal begegnet ist
und was sich mir geöffnet hat.

Jedes Wesen beurteilt die Welt
nach der Kraft seiner Sinnesorgane.
Aber könnte sich uns Menschen nicht etwas öffnen
von einer Welt, die weiter ist und reicher
als die wir mit den Sinnen wahrnehmen?

So hoch der Himmel über der Erde steht, sagt Gott,
so hoch sind meine Gedanken höher als eure Gedanken
und meine Wege als eure Wege.
Aber könnten wir nicht etwas ahnen
von den Gedanken und Wegen Gottes?

Wenn sich uns etwas, das wir nicht kannten,
plötzlich erschließt, sprechen wir von einer Offenbarung.
Etwas Verschlossenes öffnet sich,
wo Dunkelheit war, geht Licht auf,
wo alles stumm war, ergeht ein Wort.
Wo einer in der Einsamkeit gelebt hat,
gelangt ein Zeichen von irgendwoher zu seinem Herzen.

Das ist überall so, wo Leben ist.
Scheinbar erstarrtes, totes Holz
bildet eine Knospe,
die öffnet sich zu hauchzarten Blättern.
Farbe und Duft breiten sich aus.

Da beginnt irgend etwas zu leuchten,
und es werden Kräfte spürbar,
die vorher nicht erkennbar waren.

In tausend Formen und Gestalten
ereignet sich rund um uns her das,
was wir eine Offenbarung nennen,
und vielleicht wird uns, wenn wir dem nachdenken,
auch eines Tages gezeigt, auf welche Weise
sich uns die Weisheit und die Güte Gottes
offenbaren könnten.

Wie wollen wir denn unsere Welt ansehen?
Als eine Sammlung von harten Gegenständen,
von Straßen und Häusern, Maschinen und Geräten?
Oder ist sie nicht viel eher ein großes Spiel,
ein lebendiger Kampf von Kräften,
ein Zusammenspiel von Bewegungen
und schwingenden Energien?

Wir ahnen doch,
daß hinter den Dingen,
hinter Kräften und Gesetzen
eine unendliche Welt von geistigen Mächten ist
und daß es möglich ist, sich mit ihnen zu verbinden.

Von Jesus wird erzählt, er habe mit dem Meer geredet.
Warum erscheint uns das so seltsam?
Es wird erzählt, das Meer sei still geworden.
Es habe ihn getragen.
Es könnte doch einen Versuch wert sein,
sich auf die Kräfte dieser Erde einzulassen,
ohne ihnen Gewalt anzutun.
Vielleicht würden sie uns tragen.
Spricht Jesus nicht vom Reich Gottes
als dem großen Spiel der Welt in Gott?

Was ist denn das »Reich Gottes«?

Wenn ich über Gott nachdenke, meine ich,
das Reich Gottes sei eigentlich Gott selbst und Gott allein.
Denn wo sollte es anders sein als in Gott?

Wenn ich die Welt anschaue, die Schöpfung Gottes,
dann scheint mir, »Reich Gottes« sei ein Wort
für alles Geschaffene, die Welt insgesamt.

Wenn ich sehe, wie die Menschen miteinander leben,
dann will mir scheinen, das »Reich Gottes«
sei ein Schlüsselwort für ein gutes, gelingendes Dasein,
für Güte unter Menschen, für Liebe und Hingabe.

Wenn ich sehe, wie voll Leiden
und voller Rätsel die Welt ist, denke ich,
»Reich Gottes« sei ein Wort für die Vollendung aller Dinge,
die Wandlung dieser Welt in eine neue, eine andere.

Oder wenn ich mich selbst betrachte, meine ich,
»Reich Gottes«, das sei die unvorstellbar geheimnisvolle
innere Welt in mir selbst,
wenn nämlich Gott einmal angefangen hat,
meine Seele umzuformen zu der Gestalt,
die sie am Ende gewinnen soll.

Da ist dann nicht alles gleich deutlich.
Es ist ja auch sonst die Grenze
zwischen dem, was ich sehe,
und dem, was ich nicht mehr sehe,
unscharf und wie fließend.

Den Baum, der mir nahe ist,
sehe ich klar und kräftig,
den zweiten, der mir ferner ist,
sehe ich weicher und weniger klar,
den dritten, der im Hintergrund steht,
nur noch blaß und verschwommen.

Die Grenze zwischen Sehen und Nichtsehen
ist nicht hart und scharf,
sondern weich und tief gestaffelt.

Manches weiß ich. Manches vermute ich.
Manches ahne ich. Anderes wieder empfinde ich.
Vieles und am Ende das Wichtigste glaube ich.
Es gibt viele Stufen, etwas zu wissen,
und von vielem kann ich nicht sagen,
ob es noch in mein Diesseits gehört
oder ob es schon jenseits
meiner Sinne und Gedanken liegt.

ür manche unter uns
beginnt das Jenseits,
o von Gott die Rede ist,
nd Gott ist »drüben«.
ir den anderen ist Gott nahe
seinen täglichen Erfahrungen,
so im »Diesseits«. Er sagt:
Gott ist bei mir«, und hat recht.

enn für jeden ist das Diesseits
groß wie die Erfahrungen,
e er macht, und so groß
ie die äußere und innere Welt,
der er lebt.

gibt nicht zwei Welten.
gibt nur eine Welt.
nd von der nehmen wir
rschieden viel wahr.
ir den einen beginnt das Jenseits
r seiner Haustür,
r den anderen
f im Geheimnis Gottes.

Am felsigen Gebirgshang
über dem antiken Sparta
stehen die Reste
der zerstörten Stadt Mistra:
Seit 500 Jahren zerfallend,
die Häuser zerstört,
Kirchen und Mauern brüchig.
In den rissigen Gewölben
finden sich alte Malereien.

Eine Blindenheilung.
Da steht einer mit seinem Stock
und Christus
berührt ihm die Augen
und öffnet ihm den Blick.

Ich bin das Licht der Welt,
sagt er. Ihr alle seid Licht.
Schlagt die Augen auf!
Ihr seht Dinge,
die ihr nicht kennt.
Ihr seht,
wie alle Dinge um euch her
durchscheinend werden.
Durchscheinend
für Gottes Reich.

Das sind Täuschungen,
könnte einer sagen.
Die Bilder der größeren Welt
schafft deine Seele selbst.

Das Bild von dem roten Moos
gibt ihm recht.
Viele der Lichter,
die da ineinander spielen,
stammen nicht aus dem Moos,
sondern von der Kamera,
die sich darauf richtet.
Dennoch wäre es seltsam,
wollte einer behaupten,
das Moos sei nicht wirklich,
die Kamera habe es erfunden.

Wenn ich von der Brechung
des Lichtes etwas weiß
und von den Spiegelungen
in meiner eigenen Seele,
kann ich unterscheiden
zwischen dem, was ich sehe,
und dem,
was meine Seele beiträgt,
und kann gelassen und dankbar
ernst nehmen, was mir begegne

Wir ahnen heute wieder,
daß, was uns die Wissenschaft
als unsere Welt beschreibt,
bei weitem nicht das Ganze ist.
Wir haben heute wieder mehr Mut
zu unseren Erfahrungen,
zu unserer Ahnung, zu unserem Blick
über den Horizont dieser Welt hinaus.
Dabei verändert sich uns das ganze Leben
und der Tod und die Welt der Toten zugleich.

Wenn ich einmal gestorben bin, so denke ich mir,
betrete ich einen Raum, der mir bis dahin fremd war,
den ich aber glaube.
Er war »jenseitig« und wird im Tod
und in der Auferstehung zu »meiner« Welt.
Im Tode geschieht nichts anderes
als hier schon bei jeder neuen Einsicht:
Meine Welt wird weiter. Mein Diesseits wird größer.
Vieles wird mir auch dann noch verborgen sein,
aber mein Blick wird tiefer
in das Geheimnis Gottes dringen,
tiefer in das Geheimnis seiner Welt
und auch in das Geheimnis,
das ich mir selbst bin.

In jener Kuppelkirche in Mistra
erscheint über Kirchenschiff und Chor
Christus, das Buch haltend, als der Lehrende,
uns Menschen zugewandt
als der Herr und der Bruder zugleich.

Darüber, wie in großer Ferne,
thront er in einem hellblauen Ring
im weiten Raum des Himmels
auf einem Regenbogen, umgeben von Engeln.

Und beides gilt.
Wenn wir »Gott« sagen,
reden wir von dem Meister von Nazaret,
der uns in unserer eigenen menschlichen Gestalt begegnet.

Aber wir reden auch von dem Gott,
der die Welt füllt,
der gegenwärtig ist, wie uns die Luft umgibt,
wie der Weltraum.

Wir Menschen aber können uns nicht herauslösen
aus dem großen Zusammenhang.
Wir sind auch ein Teil des Kosmos.
Gott ist für uns die Stimme des Christus,
aber er ist auch das Geheimnis
in allen Dingen dieser Welt.

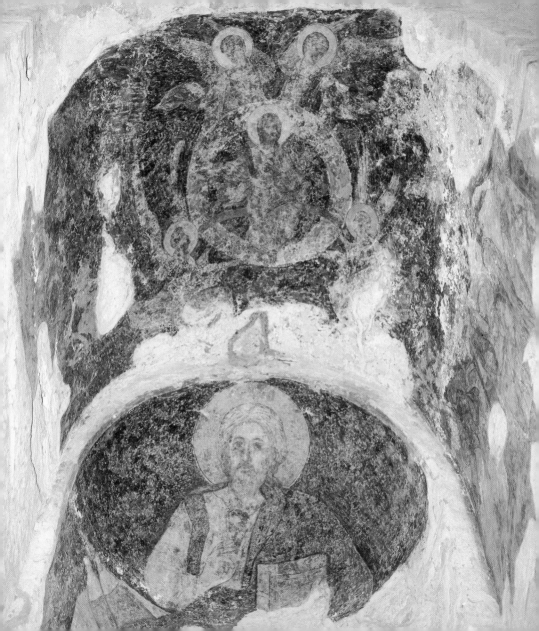

Es gilt, »hinüber« zu schauen.
Keine Sorge, wir verlieren dabei
keineswegs den Boden unter den Füßen.
Im Gegenteil, wir beginnen überhaupt erst
zu ahnen, auf welcherlei Boden wir stehen.

Wir verlieren uns nicht in Träumen.
Im Gegenteil, wir lernen genauer unterscheiden
zwischen unseren Träumen und der Wahrheit.

Wir werden dabei nicht untüchtig,
auf dieser Erde zu tun, was nötig ist.
Im Gegenteil, wir erkennen erst,
was durch uns geschehen soll
und welcherlei Gebot und Maßstab für uns gilt.

Wir verirren uns dabei
nicht in die Einsamkeit eines versponnenen Eremiten.
Im Gegenteil, wir wissen genauer,
was den Menschen durch uns widerfahren soll
an Güte und behutsamer Begleitung.

Die Welt ist unendlich, und wir wissen,
indem wir über unsere bisherigen Grenzen hinübersehen,
genauer,
was es auf sich hat mit unserem Dasein in dieser Welt.

Wenn ich in die Sonne schaue,
während sie halb von einer Wolke verdeckt ist,
mag es sein, daß sich ihr volles,
rundes Leuchten ausbreitet zu einem farbigen Ring,
ähnlich dem,
in dem der Christus von Mistra thront.

Wenn ich über den Wolken fliege,
kann ich den Ring auch sehen.
Unter mir, der Sonne gegenüber,
steht derselbe Ring in den Wolken,
und mein Schatten bleibt in seiner Mitte.

Wenn ich durch Regen fliege,
während die Sonne zwischen den Wolken einbricht,
sehe ich den großen Regenbogen,
den ich von der Erde her kenne,
aber ich sehe ihn als einen vollen Kreis.

Ich bin viel geflogen als junger Mensch.
Und das hat mich mein ganzes Leben lang begleitet:
Der Regenbogen ist ein voller Kreis,
und wir sehen ihn nur darum halb,
weil uns die Erde zu nahe ist.
Das hat mich begleitet: Alle Wolken sind strahlend weiß.
Dunkle Wolken sind nur Wolken im Schatten.
Über jeder dunklen Wolke aber ist das Licht.

Die längste Zeit
unseres Lebens freilich
gehen wir auf der Erde unten
unseren mühsamen Weg.
Und wenn wir den Regenbogen sehe
dann blaß und unvollständig
und bestenfalls
als leuchtenden Halbkreis.

Aber auch er ist uns ein Zeichen.
Als Noah aus der Arche stieg
und über eine von der Flut
verwüstete Erde hinweg
zum Himmel schaute,
zeigte ihm Gott den Regenbogen,
der ausgespannt war
wie ein schützendes Gewölbe.
So will ich die Erde schützen,
hörte Noah, Sommer und Winter,
Tag und Nacht.

Schau hinüber über das,
was dir vor den Füßen liegt,
dorthin, wo ich dir dieses Zeichen,
das Zeichen meiner Gegenwart, geb

Wenn das alles aber wahr ist,
dann steht alles in einem anderen Licht,
und ich versuche, meine Sorge abzulegen.

Ich sorge mich nicht, wenn mein Tag lang ist und mühsam.
Ich möchte meine Aufgabe erfüllen,
aber ich sorge mich nicht.

Wenn ich alt und krank und gebrechlich werde,
wenn meine Kraft nachläßt
und ich nichts weiß über den kommenden Tag,
will ich mich nicht sorgen,
sondern hinübersehen auf die Hand, die mich führt.

In deiner Hand ist mein Schicksal, Gott.
Daß ich überstehe, macht deine Kraft.
Was immer geschieht, ist dein Werk.

Du hast gesagt: »Solange ihr in der Welt seid,
habt ihr Angst.
Ich aber habe, was angst macht, überwunden.«
So will ich klein denken von mir
und hinüberschauen über meine Mühe und mein Elend
und groß denken von dir.

Eine Legende,
die ich auch sonst gelegentlich erzählt habe,
lautet so:

Ein Hirt saß bei seiner Herde
am Ufer des großen Flusses,
der am Rande der Welt fließt.
Wenn er Zeit hatte
und über den Fluß schaute,
spielte er auf seiner Flöte.

Eines Abends kam der Tod über den Fluß
und sagte: Ich komme,
um dich nach drüben mitzunehmen.
Hast du Angst?
Warum Angst? fragte der Hirt.
Ich habe immer über den Fluß geschaut.
Ich weiß, wie es drüben ist.
Und als der Tod ihm die Hand auf die Schulter legte,
stand er auf und fuhr mit ihm über den Fluß,
als wäre nichts.
Das andere Ufer war ihm nicht fremd,
und die Töne seiner Flöte,
die der Wind hinübergetragen hatte,
waren noch da.

Der Glaube bleibt, sagt die Bibel.
Die Hoffnung und die Liebe bleiben.
Und die Legende von dem Hirten meint:
Was in uns zu klingen angefangen hat,
das nimmt der Wind über den Fluß.
Die Liebe vor allem ist da,
wenn wir ankommen,
und macht uns das andere Ufer vertraut.

Denn Gott, sagt Jesus,
ist nicht ein Gott von Toten,
sondern von lebendigen Wesen
auf allen Ebenen der Wirklichkeit.

Und wenn auch seine Gedanken nicht die unseren sind
und seine Wege uns nicht vertraut,
dann glauben wir doch seinen Gedanken
und vertrauen uns seinen Wegen an.

In ihm werden wir auferstehen,
und die fremde, ferne Welt,
die wir heute noch das »Jenseits« nennen,
wird uns aufnehmen wie eine Heimat.

Inzwischen gehen wir
auf dem Weg,
der uns zugewiesen ist.

Wir gehen unter
einem weiten Himmel
und sind hier zu Hause
und überall,
wohin unser Schritt führt.

Vor uns ist das Licht.
Alle Dunkelheit
wird eines Tages hinter uns sein.

Gott sagt:
Zieh in Freude aus.
Ich will dich in Frieden leiten.
In der Freiheit meiner Kinder
kommst du zum Ziel,
und in meinem Licht
wirst du vollendet werden.

Es ist ein Weg da.
Geh ihn.
Ich bin bei dir.

CIP-Kurztitelaufnahme der Deutschen Bibliothek

Zink, Jörg:
Unter weitem Himmel / Jörg Zink. – 1. Aufl., (1-50. Tsd.). –
Stuttgart: Kreuz Verlag, 1984.
ISBN 3-7831-0761-X

© by Dieter Breitsohl AG
Literarische Agentur Zürich 1984
Alle deutschsprachigen Rechte beim Kreuz Verlag Stuttgart

1. Auflage (1.-50. Tausend)
Kreuz Verlag Stuttgart 1984

Alle Fotos: Jörg Zink
Gestaltung: Hans Hug
Reproduktionen: Gölz, Ludwigsburg
Satz: Typosatz Bauer, Fellbach
Druck: Süddeutsche Verlagsanstalt, Ludwigsburg
Buchbinderische Verarbeitung: Röck, Weinsberg

ISBN 3-7831-0761-X

In der gleichen Ausstattung wie das Buch,
das Sie in der Hand haben, sind von
Jörg Zink im Kreuz Verlag
folgende Bände erschienen:

Wo das Glück entspringt
Ein Geschenk für alle, die nach Glück suchen
und dazu beitragen möchten, andere glücklich zu machen.

Vielfarbiger Dank
Jede Blume mit ihrer besonderen Farbe deutet auf eine
menschliche Eigenschaft hin, die Anlaß gibt zum Danken.

Meine Gedanken sind bei dir
Ein besonders zartes Geschenk für alle Liebenden,
die getrennt sind.

Mehr als drei Wünsche
Altersweisheit spricht aus den mit Humor gewürzten Texten,
die zusammen mit den Fotos ein herzhaftes Geschenk bilden.

Am Ufer der Stille
Jörg Zink zeigt auf Fotos und in seinen Texten, in welche Tiefe
und Weite das Lauschen auf die Stille führt.

Alles Lebendige singt von Gott
In den vielen kleinen Dingen der zauberhaften Natur ist die
lebendige Gegenwart des Schöpfers zu erfahren.

Wenn der Abend kommt
Meditative Fotos und Texte laden ein zu Sammlung,
Gelassenheit und Geduld.

Kreuz Verlag